BEI GRIN MACHT SICH IHR WISSEN BEZAHLT

AF138481

- Wir veröffentlichen Ihre Hausarbeit,
  Bachelor- und Masterarbeit

- Ihr eigenes eBook und Buch -
  weltweit in allen wichtigen Shops

- Verdienen Sie an jedem Verkauf

Jetzt bei www.GRIN.com hochladen und kostenlos publizieren

Erfolgsfaktoren und strategische Aspekte für die Einführung von Künstlicher Intelligenz in Organisationen

Praktischer Einsatz und wirtschaftliche Potentiale von KI in Organisationen

Alexander Kühn

Bibliografische Information der Deutschen Nationalbibliothek:

Die Deutsche Nationalbibliothek verzeichnet diese Publikation in der Deutschen Nationalbibliografie; detaillierte bibliografische Daten sind im Internet über http://dnb.d-nb.de abrufbar.

ISBN: 9783346605955
Dieses Buch ist auch als E-Book erhältlich.

© GRIN Publishing GmbH
Nymphenburger Straße 86
80636 München

Druck und Bindung: Books on Demand GmbH, Norderstedt Germany
Gedruckt auf säurefreiem Papier aus verantwortungsvollen Quellen

Das vorliegende Werk wurde sorgfältig erarbeitet. Dennoch übernehmen Autoren und Verlag für die Richtigkeit von Angaben, Hinweisen, Links und Ratschlägen sowie eventuelle Druckfehler keine Haftung.

Das Buch bei GRIN: https://www.grin.com/document/1182954

Erfolgsfaktoren und strategische Aspekte für die Einführung von Künstlicher Intelligenz in Organisationen

von

Alexander Kühn

Fakultät:	Informatik
Studiengang:	Master Informatik - Schwerpunkt Wirtschaftsinformatik
Modul:	Seminar wissenschaftliches Arbeiten
Themenbereich:	Praktischer Einsatz und wirtschaftliche Potentiale von Künstlicher Intelligenz in Organisationen
Datum:	16.01.2022
Semester:	Wintersemester 2021/2022
Schlagworte:	- Künstliche Intelligenz
	- Erfolgsfaktoren für Künstliche Intelligenz
	- Einführung Künstliche Intelligenz in Organisationen
	- Strategie Künstliche Intelligenz

Kurzfassung

Das Thema "Künstliche Intelligenz (KI)" ist in der aktuellen Zeit weit verbreitet und wird als die Technologie der Zukunft angesehen. Viele Unternehmen scheitern allerdings derzeit daran, eine zentrale KI-Strategie auszuarbeiten, um dadurch KI-Anwendungen erfolgreich einzuführen. Diese Seminararbeit beschäftigt sich mit dem Problem, dass es bislang nur wenig Literatur gibt, die Erfolgsfaktoren bei der Einführung mit strategischen Aspekten vereint. Daraus ergibt sich die Zielsetzung, einen systematischen Überblick über Erfolgsfaktoren bei der Einführung von KI zu geben, um daraus eine Strategie abzuleiten. Dazu werden Erfolgsfaktoren nach dem Technical, Organizational & Environmental (TOE)-Prinzip analysiert und Faktoren für Misserfolg identifiziert. Zentrales Ergebnis ist, dass es für eine KI-Strategie unter Berücksichtigung der Erfolgsfaktoren bei der Einführung vor allem Erfolgsfaktoren aus Sicht der Organisation braucht, welche wiederum technologische Faktoren begünstigen. Dabei ist es wichtig, dass die Unternehmensführung von der Einführung von KI überzeugt ist und dadurch Ressourcen (Daten, Budget, Beschäftigte) zur Verfügung stellen kann. Zusätzlich stellen die Kompatibilität von KI mit der bestehenden IT-Infrastruktur und der Druck von Wettbewerbern weitere Erfolgsfaktoren zur Einführung dar. Ein nächster Schritt kombiniert die analysierten Erfolgsfaktoren mit strategischen Aspekten und zeigt dadurch eine Vorgehensweise zur Entwicklung einer KI-Strategie auf. Die entstandene KI-Strategie umfasst dabei folgende Punkte: Überzeugung der Unternehmensführung für KI-Projekte, Erhöhung der technologischen Kompetenz im Unternehmen und die Anpassung der Organisationsstruktur an die KI-Ausrichtung. Im Ausblick werden weitere Fragestellungen vorgeschlagen.

Abstract

The topic of "KI" is widespread in current times and is seen as the technology of the future. However, many companies are currently failing to work out a central KI strategy in order to successfully introduce KI applications as a result. This seminar paper deals with the problem that so far there is only little literature that combines success factors during the introduction with strategic aspects. The objective is to give a systematic overview of success factors in the introduction of KI in order to derive a strategy. For this purpose, success factors are analyzed according to the TOE principle and factors for failure are identified. The central result is that for a KI strategy, taking into account the success factors during introduction, success factors from the perspective of the organization are needed above all, which in turn favor technological factors. In this context, it is important that the company management is convinced of the introduction of KI and can thus provide resources (data, budget, employees). In addition, the compatibility of KI with the existing IT infrastructure and pressure from competitors represent further success factors for the introduction. A next step combines the analyzed success factors with strategic aspects and thereby shows an approach to develop a KI strategy. The resulting KI strategy includes the following points: Convincing the company management for KI-projects, increasing the technological competence in the company and adapting the organizational structure to the KI-orientation. Further issues are proposed in the outlook.

Inhaltsverzeichnis

Abbildungsverzeichnis

Abkürzungsverzeichnis

EU	Europäische Union
IT	Informationstechnologie
KI	Künstliche Intelligenz
ML	Machine Learning
TOE	Technical, Organizational & Environmental
TÜV	Technischer Überwachungsverein

1 Einleitung

Das Thema "KI" beherrscht aktuell viele Bereiche der Forschung, Industrie und Informationstechnologie (IT) (Hamm und Klesel, 2021, S. 1). Aber was ist KI eigentlich? Der berühmte Physiker Stephen Hawking hat KI wie folgt beschrieben:

> *"KI ist wahrscheinlich das Beste oder das Schlimmste, was der Menschheit passieren kann."*

Auf Basis dieser Aussage lässt sich erschließen, dass je nach Einsatzgebiet und Verwendung der KI, sich diese entweder positiv oder negativ auf das Leben der Menschen auswirken wird. Außerdem stellt KI *"die wichtigste Schlüsseltechnologie unserer Zeit"* dar (Brynjolfsson und Mcafee, 2017).

1.1 Ausgangssituation und Problemstellung

Ausgangssituation

Der Einsatz von KI in Unternehmen, die zukunftsfähig bleiben möchten, ist unabdingbar. Erstaunlich ist, wie eine Studie aus dem Jahr 2020 des Verbandes des Technischer Überwachungsverein (TÜV) zeigte, dass nur 11 Prozent der 500 befragten Unternehmen in Deutschland KI bereits einsetzen. 4 Prozent planen den Einsatz konkret und in 15 Prozent der Unternehmen wird der Einsatz von KI zumindest diskutiert. In den restlichen 69 Prozent wird folglich KI nicht eingesetzt und der Einsatz auch nicht geplant (TÜV-Verband, 2020, S. 11). Eine Ursache dafür könnte eine fehlende Strategie bei der Einführung sein. Dieselbe Studie des TÜV-Verbandes zeigte ebenfalls, dass nur 15 Prozent der befragten Unternehmen eine klare, zentrale Strategie zur Einführung bzw. dem Einsatz von KI haben. 19 Prozent planen, das Thema einer KI-Strategie zentral umzusetzen. 64 Prozent hingegen verzichten nach heutigem Stand komplett auf eine strategische Ausrichtung in Sachen KI und planen auch nicht, damit zu starten (TÜV-Verband, 2020, S. 18). Ein Grund für die Unsicherheit deutscher Unternehmen über den Einsatz von KI könnte darin liegen, dass es zwar Forschungen über die Erfolgsfaktoren bei der Einführung von KI gibt, diese allerdings nicht in einem systematischen Überblick zusammengefasst werden konnten (Hamm und Klesel, 2021, S. 3).

Problemstellung

Aus den Tatsachen der Ausgangssituation ergibt sich die Problemstellung der fehlenden KI-Strategie für Unternehmen und einer unzureichend kombinierten Darstellung der Erfolgsfaktoren bei der Einführung von KI in Organisationen. Auf Basis dessen lassen sich folgende Forschungsfragen formulieren:

- Welche Faktoren aus unterschiedlichen Perspektiven haben entscheidenden Anteil an einer erfolgreichen Einführung von KI in Organisationen?
- Welche Ursachen für Misserfolg gibt es?
- Wie kann eine Strategie zur erfolgreichen Einführung von KI in Organisationen entwickelt werden?

1.2 Zielsetzung und Aufbau der Arbeit

Zielsetzung

Ziel dieser Seminararbeit ist es, eine mögliche Vorgehensweise zur Entwicklung einer Strategie für die Einführung von Künstlicher Intelligenz in Organisationen unter Berücksichtigung relevanter Erfolgsfaktoren auszuarbeiten. Dabei sollen Erfolgsfaktoren, welche aus unterschiedlichen Sichtweisen erarbeitet wurden, analysiert und kombiniert werden. Dies ermöglicht die Ableitung einer potenziellen Vorgehensweise zur Entwicklung einer KI-Strategie.

Aufbau der Arbeit

Zu Beginn der Arbeit wird auf theoretische Grundlagen eingegangen und die Begriffe Künstliche Intelligenz, Erfolgsfaktor, Strategie bzw. strategische Aspekte und Organisation definiert. Die Literatur zeigt unterschiedliche Erfolgsfaktoren bei der Einführung von Künstlicher Intelligenz, welche in Kapitel 3 vorgestellt werden. Dazu wird die Messung des Erfolgs ergänzt und ein kritischer Blick auf die Ursachen für den Misserfolg bei der Einführung schließt das Kapitel ab. In Kapitel 4 werden zuerst strategische Aspekte bei der Einführung herausgearbeitet, um daraus in Kombination mit den in Kapitel 3 genannten Erfolgsfaktoren eine mögliche Vorgehensweise zur Entwicklung einer KI-Strategie abzuleiten. Abschließend wird im letzten Kapitel 5 die Seminararbeit kurz zusammengefasst und ein Ausblick auf zukünftige wissenschaftliche Fragestellungen gegeben.

2 Begriffsdefinitionen

Das zweite Kapitel schafft die Grundlage für das Verständnis der Problemstellung und der Forschungsfrage. Die zentralen Begriffe "Künstliche Intelligenz", "Erfolgsfaktor", "Strategie" bzw. "Strategische Aspekte" und "Organisation" werden definiert.

2.1 Definition "Künstliche Intelligenz"

Das Gabler Wirtschaftslexikon beschreibt KI als die *"Erforschung 'intelligenten' Problemlösungsverhaltens sowie die Erstellung 'intelligenter' Computersysteme. Künstliche Intelligenz (KI) beschäftigt sich mit Methoden, die es einem Computer ermöglichen, solche Aufgaben zu lösen, die, wenn sie vom Menschen gelöst werden, Intelligenz erfordern"* (Siepermann, 2018). Diese Fähigkeit der Problemlösung von KI, ähnlich einem menschlichen Wesen, beschreibt auch Kurzweil im Jahr 1990, indem KI wie folgt definiert wird *"[...] die Kunst, Maschinen zu entwickeln, die Funktionen ausführen, die bei der Ausführung durch Menschen Intelligenz erfordern [...]"* (Kurzweil, 1990). Mit Fokus auf Intelligenz wird KI definiert als zielgerichtete Aktivitäten, Maschinen mit Intelligenz auszustatten, um damit angemessen und vorausschauend in einem bestimmten Umfeld agieren zu können (Nilsson, 2009). Aus Sicht der Wirtschaftlichkeit kann KI in der Lage sein, Daten aus externen Systemen auszuwerten, zu interpretieren und daraus Schlüsse zu ziehen. Mit Hilfe von flexiblen Anpassungen auf neue Erkenntnisse aus weiteren Daten werden so Aufgaben und Ziele erreicht, die intelligentes Handeln erfordern (Schaefer et al., 2021).

2.2 Definition "Erfolgsfaktor"

Um den Begriff "Erfolgsfaktor" zu definieren, müssen vorab die Teilwörter "Erfolg" und "Faktor" definiert werden.

Definition "Erfolg"

Erfolg lässt sich nicht genau definieren, da es viele unterschiedliche Bedeutungen von Erfolg gibt (Abfalter, 2010). Erfolg bedeutet, dass eine erstrebte und beabsichtigte Wirkung eingetreten ist und positive Ergebnisse von Handlungen auftreten. (Dudenredaktion, 2021b).

Definition "Faktor"

Ein Faktor hat in bestimmten Zusammenhängen bestimmte Auswirkungen, entweder positiv oder negativ. Synonyme sind beispielsweise Bestandteile oder Gesichtspunkte (Dudenredaktion, 2021d).

Definition "Erfolgsfaktor"

Der Erfolgsfaktor vereint die beiden Begriffe Faktor und Erfolg. Somit ist ein Erfolgsfaktor der Umstand, der zu einer erfolgreichen Durchführung von Vorgehensweisen führt (Dudenredaktion, 2021c). Aus betriebswirtschaftlicher Sicht stellt ein Erfolgsfaktor einen entscheidenden Faktor für die Zielerreichung von Organisationen dar. Hierbei soll vor allem der Gesamterfolg des Unternehmens im Vordergrund stehen (Szczutkowski, 2018).

2.3 Definition "Strategie" und "Strategischer Aspekt"

Definition "Strategie"

"Die Strategie beschreibt den Weg zum Ziel" (Klasen, 2019). Strategie bedeutet laut der Duden Onlineredaktion den genauen Plan zur Vorgehensweise zu besitzen, um ein [...] wirtschaftliches Ziel zu erreichen und die Faktoren berücksichtigt, die eigene Handlungen beeinflussen könnten (Dudenredaktion, 2021f).

Definition "Aspekt"

Ähnlich wie Faktor beschreibt das Wort Aspekt die Betrachtungsweise oder einen bestimmten Blickwinkel auf Sachverhalte (Dudenredaktion, 2021a).

Definition "Strategischer Aspekt"

Die Definition "Strategischer Aspekt" lässt sich aus den beiden vorhergehenden Definitionen von "Strategie" und "Aspekt" ableiten. Ein strategischer Aspekt ist somit ein Faktor innerhalb einer Vorgehensweise, der zur Erreichung wirtschaftlicher Ziele berücksichtigt und eingehalten werden muss. Laut der Enzyklopädie Brockhaus ist eine Strategie aus betriebswirtschaftlicher Sicht ein *"rational geplantes, konsistentes Bündel grundlegender Entscheidungen"* (Brockhaus-Online-Redaktion, 2020).

2.4 Definition "Organisation"

Das Gabler Wirtschaftslexikon beschreibt den Begriff "Organisation" als "Regelwerk eines arbeitsteiligen Systems" (Wirtschaftslexikon, 2018). Das heißt konkret: Es gibt viele Menschen in Organisationen, die gemeinsame Aufgaben erledigen und dadurch Ziele erreichen. Die Ziele und Aufgaben der Einzelpersonen werden koordiniert und gesteuert. In dem Kontext dieser Seminararbeit wird "Organisation" mit dem Begriff Unternehmen gleichgesetzt, das heißt innerhalb dieser Seminararbeit werden Vereine, Verbände und weitere Möglichkeiten von Organisationen nicht berücksichtigt, sondern der Fokus liegt auf Unternehmen als Organisationen.

3 Analyse der Erfolgsfaktoren bei der Einführung von Künstlicher Intelligenz

Das folgende Kapitel zeigt unterschiedliche Arten von Erfolgsfaktoren bei der Einführung von KI in Organisationen und beschreibt Ursachen für Misserfolg.

3.1 Arten von Erfolgsfaktoren bei der Einführung von Künstlicher Intelligenz

Im Literaturüberblick lässt sich erkennen, dass es bereits eine Aufteilung der am häufigsten genannten Erfolgsfaktoren nach dem TOE-Prinzip gibt (Hamm und Klesel, 2021). Das Prinzip hinter TOE umfasst die Sichtweise aus Technologie (Technological), Organisation (Organizational) und Umwelt (Environmental). Ein kritischer Blick in die Ausgangsliteratur (Hamm und Klesel, 2021) zeigt dem Autor, dass in dem Literaturüberblick zwar die Erfolgsfaktoren zusammengefasst und aufgelistet werden (vgl. A.1, A.2 und A.3), sich allerdings keine eindeutige Reihenfolge über die Wichtigkeit der Erfolgsfaktoren ableiten lässt. In der Abbildung A.1 ist zu erkennen, dass der technische Erfolgsfaktor "Komplexität" zwei negative Nennungen hat. In Summe wird die Zahl zwei genannt, was allerdings keine Summe der negativen und positiven Nennungen darstellt, sondern lediglich die Anzahl Nennungen insgesamt (sowohl positiv als auch negativ) zeigt. Aus Sicht des Autors ist es daher essenziell, die positiven und negativen Nennungen der Erfolgsfaktoren in einer sortierbaren Liste darzustellen, um die tatsächliche Relevanz für den Erfolg aufzuzeigen. Dafür werden im Folgenden die drei unterschiedlichen Perspektiven aus TOE separat aufgelistet und eine tatsächliche Summe gebildet, in dem die negativen Nennungen von positiven Nennungen abgezogen werden. Als absteigendes Sortierungskriterium wird die daraus resultierende Summe verwendet. Die Erfolgsfaktoren mit negativen Nennungen und Begründungen dazu werden ebenfalls analysiert.

Technological

Faktor	Positiv	Negativ	Summe
Kompatibilität mit bestehender IT-Infrastruktur	10	0	10
Relativer Vorteil von KI im Vergleich zu anderen Technologien	7	0	7
Verfügbarkeit und Qualität der Daten	5	0	5
Verfügbarkeit der Tools zur Einführung	3	0	3
Identifizierte Geschäftsanforderungen	2	0	2
Sicherheit/Verlässlichkeit	2	0	2
Verallgemeinerung/Skalierbarkeit	1	0	1
Technologiemanagement im Unternehmen	1	0	1
Technologie-Bereitschaft	1	0	1
Wahrgenommene Barrieren	0	1	-1
Zufriedenheit mit den bestehenden Systemen	0	1	-1
Komplexität der KI	0	2	-2

Abb. 3.1 Faktoren: Technologie (Quelle: Eigene Darstellung auf Basis von Hamm und Klesel, 2021)

Aus technologischer Perspektive stellt die Kompatibilität der KI mit der bestehenden IT-Infrastruktur einen entscheidenden Erfolgsfaktor dar (vgl. Abbildung 3.1, Original-Abbildung: A.1), weil die bereits bestehende IT-Infrastruktur (genutzt für Sicherheit und Stabilität [...]) um eine zweite Umgebung erweitert wird. In dieser werden schnelle und flexible Applikationen für KI implementiert (Kruse et al., 2019). Die Integration der beiden Infrastrukturen ist sehr wichtig für die Kommunikation zwischen den Systemen und deshalb essenziell für eine erfolgreiche Einführung. Zur Messung der Kompatibilität wird eine Kompatibilitätsmatrix empfohlen, in der die bestehende IT-Infrastruktur mit den angestrebten KI-Anwendungen verglichen wird (Nortje und Grobbelaar, 2020). In der Kompatibilitätsmatrix kann zusätzlich der relative Vorteil (zweitwichtigster Erfolgsfaktor in 3.1) von KI-Anwendungen im Vergleich zu anderen Technologien ergänzt werden. Durch die Analyse des relativen Vorteils sind Organisationen in der Lage, potenziell verbesserte Arbeitsleistung, gesteigerte Produktivität und erhöhte Arbeitseffektivität durch die Einführung von KI im Vergleich zu bestehender IT-Infrastruktur zu messen und zu vergleichen (AlSheibani et al., 2020). Folgende drei Erfolgsfaktoren wurden mit negativen Nennungen im Literaturüberblick erwähnt:

- Wahrgenommene Barrieren: Mangelndes Vertrauen in KI, (finanzielle) Strafen für Fehlprognosen und die Unsicherheit über generelle Anwendungen von KI und Machine Learning (ML) sind wahrgenommene Barrieren und stellen somit negative Faktoren dar (Rana et al., 2014). ML ist ein Teilbereich von KI und beschäftigt sich mit verschiedenen Formen des Selbstlernens von Robotern (Bendel, 2019).

- Zufriedenheit mit den bestehenden Systemen: Ermöglicht die bestehende IT-Landschaft effektiv und effizient einen transparenten Einblick für alle Entscheidungsträger und Beteiligte im Unternehmen, so ist der Drang nach einem neuen System, z. B. KI-unterstützt, eher gering (Rana et al., 2014).

- Komplexität: Herausforderungen sind die technische Komplexität der KI- und ML-Systeme sowie die nicht nachvollziehbare, eigenständige Weiterentwicklung der Algorithmen (Heesen, 2020).

Organizational

Faktor	Positiv	Negativ	Summe
Unterstützung der Unternehmensführung für KI	8	0	8
Technische Kompetenzen innerhalb der Organisation	8	0	8
Ressourcen (Daten, Budget, Beschäftigte)	8	0	8
KI-Strategie	3	0	3
Organisatorische Bereitschaft	3	0	3
Unternehmenskultur	3	0	3
Organisatorische Innovationsfähigkeit	2	0	2
Größe der Organisation	4	3	1
Interdisziplinäre Zusammenarbeit	1	0	1
Wahrgenommene Kosten	1	0	1
Organisatorische Sicherheitsvorschriften	1	0	1
Wissen und Informationen	1	0	1
Organisatorsiche Struktur	4	4	0

Abb. 3.2 Faktoren: Organisatorisch (Quelle: Eigene Darstellung auf Basis von Hamm und Klesel, 2021)

Aus Sicht der organisatorischen Faktoren ist die Unterstützung der Unternehmensführung für KI ein wichtiger Erfolgsfaktor (vgl. Abbildung 3.2, Original-Abbildung: A.2). Durch die Erhöhung des Bewusstseins der Unternehmensführung für die Relevanz KI, um die Digitalisierung und Modernisierung des Unternehmens voranzutreiben, wird die Freigabe von notwendigen Ressourcen (dritt wichtigster Erfolgsfaktor) ermöglicht (Bauer et al., 2020). Zudem erleichtern (technische) Kompetenzen innerhalb der Organisation die Einführung von KI (Rana et al., 2014), weil bereits vorhandene Ressourcen in Form von Wissen besser genutzt werden können. Folgende zwei Faktoren wurden mit negativen Nennungen in der Ausgangsliteratur erwähnt:

- Größe der Organisation: Die Größe der Organisation hat Auswirkungen auf die Trägheit eines Unternehmens, die durch viele Hierarchieschichten und Bürokratie gekennzeichnet ist. Diese beiden Elemente haben negativen Einfluss auf die Adaptionsfähigkeit und die Einführung von KI in Organisationen (AlSheibani et al., 2020).

- Organisatorische Struktur: Ähnlich wie bei der Größe der Organisation kann ebenfalls die Struktur der Organisation nachteilig bei der Einführung von KI sein, wenn Organisationen viele Hierarchieschichten besitzen und dadurch unter einer starren Struktur leiden (Demlehner und Laumer, 2020).

Environmental

Faktor	Positiv	Negativ	Summe
Druck von Wettbewerbern/Branche	8	0	8
Staatliche Regulierung	6	3	3
Bereitschaft der Kunden	2	0	2
Vertrauen der Menschen in KI	2	0	2
Anforderungen/Merkmale der Branche	2	1	1
Wahrgenommener Druck der Regierung	1	0	1
Wahrgenommener Druck der Gesellschaft	1	0	1
Zugang zu externer Expertise	1	0	1
Öffentliche Förderung	1	0	1
Support der Kunden/Community für KI (Setzen Kunden KI ein oder nicht?)	1	0	1
Externe Partner	1	1	0

Abb. 3.3 Faktoren: Umwelt (Quelle: Eigene Darstellung auf Basis von Hamm und Klesel, 2021)

Aus Sicht der Umweltfaktoren ist der Druck von Wettbewerber und der Branche bzw. Industrie durch den Einsatz von KI ein wichtiger Faktor für Erfolg (vgl. Abbildung 3.3, Originalabbildung: Abbildung A.3). Um die langfristige Wettbewerbsfähigkeit aufrechtzuerhalten, ist es wichtig, Markttrends in der jeweiligen Branche oder Industrie zu folgen (Rana et al., 2014). Eine öffentliche Förderung wird allerdings nicht als Erfolgsfaktor angesehen, da diese bislang sehr gering ist. Wäre die Höhe der öffentlichen Förderungen für KI-Projekte höher, könnte es ein noch positiverer Faktor werden (Demlehner und Laumer, 2020). Außerdem stellt der Einsatz von KI bei externen Partnern und Handelspartnern einen neutralen Faktor dar (vgl. Abbildung 3.3). Drei Faktoren wurden im Literaturüberblick mit negativen Nennungen versehen. Diese können wie folgt erklärt werden:

- Staatliche Regulierung: Kann sowohl ein positiver als auch negativer Faktor sein.
  Positive Aspekte: Staatliche Regulierung schafft einheitliche Standards und schützt die Rechte der Bürger der Europäische Union (EU) (Krüger, 2021).
  Negative Aspekte: Staatliche (Über-)Regulierung bindet finanzielle Ressourcen und führt zu einer organisationsweiten Trägheit, die Innovationen blockieren kann (Kruse et al., 2019). Darüber hinaus erschweren Datenschutzverordnungen den Einsatz von KI (Hamm und Klesel, 2021).

- Anforderungen/Merkmale der Branche: Dieser Faktor wird in Kruse et al., 2019 als positiv bewertet und in Pumplun et al., 2019 mit je einer positiven als auch negativen Nennung dargestellt. Als negativ betrachtet werden kann beispielsweise eine stark branchenabhängige Spezialisierung, in welcher der Einsatz von KI noch nicht verbreitet ist. Dies führt bei den Unternehmen der Branche nicht zum Druck, KI einzuführen und kann deshalb als negativer Faktor gesehen werden.

- Externe Partner: Bei diesem Faktor wird unterschieden in kleine, mittlere und große Unternehmen. Kleine Unternehmen sind sich weniger einig darüber, ob externe Partner für die Implementierung von KI-Anwendungen kontaktiert werden sollen oder nicht. Mittlere Unternehmen sind eher interessiert an einer Zusammenarbeit mit externen Partnern, arbeiten allerdings meist mit Universitäten zusammen um spezifisches KI-Knowhow aufzubauen. In großen Unternehmen spielen externe Partner keine entscheidende Rolle bei der Einführung von KI, weil das notwendige Wissen meist schon im Unternehmen vorhanden ist und externe Softwarelösungen häufig den Unternehmensrichtlinien nicht entsprechen (Bauer et al., 2020).

Kombination der drei Arten

Im nächsten Schritt soll eine kombinierte Übersicht der Erfolgsfaktoren geschaffen werden. Dazu werden auf Basis der Ausgangsliteratur (vgl. Anhang A Aufschlüsselung der Erfolgsfaktoren) negative Nennungen (siehe Spalte "Neg." in Abbildung A.4) von den positiven Nennungen (siehe Spalte "Pos." in Abbildung A.4) abgezogen und die daraus entstandene Differenz (siehe Spalte "Sum." in Abbildung A.4) wird als absteigendes Sortierungskriterium eingesetzt. Daraus kann abgeleitet werden, welche konkreten Faktoren signifikanten Einfluss auf die erfolgreiche Einführung nehmen, und aus welchen Perspektiven des TOE-Blickwinkels diese stammen. Technologische Faktoren sind grau hinterlegt, organisatorische Faktoren blau und Umwelt-Faktoren grün.

Analyse der kombinierten Erfolgsfaktoren

Abschließend für das Unterkapitel werden die kombinierten Erfolgsfaktoren analysiert. Die Abbildung A.4 zeigt die Sortierung der kombinierten Erfolgsfaktoren. Der Erfolgsfaktor mit den meisten positiven Nennungen und keinen negativen Nennungen ist aus technologischer Sicht die Kompatibilität der KI mit bestehender IT-Infrastruktur. IT-Kompatibilität ist die Anpassungsfähigkeit unterschiedlicher Hardware- und Softwarekomponenten aufeinander, um diese gemeinsam verwenden zu können (Siepermann und Lackes, 2018). Laut der Ausgangsliteratur (Hamm und Klesel, 2021) wird IT-Kompatibilität aufgeteilt in drei unterschiedliche Bereiche, die jeweils zentrale Erfolgsfaktoren innerhalb der IT-Kompatibilität darstellen: Die IT-Architektur muss eine entsprechende Plattform zur Integration bieten (Nortje und Grobbelaar, 2020), die Performance der IT-Infrastruktur unterstützt die KI-Einführung (Demlehner und Laumer, 2020) und standardisierte Datenschnittstellen erhöhen die Kompatibilität (Bauer et al., 2020). Des Weiteren sind drei aus den fünf wichtigsten Erfolgsfaktoren aus dem organisatorischen Ansatz:

- Unterstützung der Unternehmensführung für KI: Wird als deutlicher positiver Faktor gesehen, weil die Unternehmensführung in der Lage ist, Ressourcen für die Einführung von KI bereit zu stellen (Hamm und Klesel, 2021).

- Technische Kompetenzen innerhalb der Organisation: Beschäftigte müssen mit der Technik hinter KI vertraut sein und statistische Verfahren beherrschen, um daraus Wissen zu generieren (Rana et al., 2014), (Kordon, 2020), (Schaefer et al., 2021).

- Ressourcen (Daten, Budget und Beschäftigte): Ohne ausreichend Ressourcen ist die Einführung von KI nicht möglich, stehen ausreichend Ressourcen bereit ist das ein entscheidender positiver Erfolgsfaktor. Beispielsweise kann durch ein ausreichend hohes Budget finanzieller Freiraum für die Gewinnung von Knowhow über KI gewonnen werden, indem Schulungen zum Aufbau des Wissens über KI finanziert werden (Pumplun et al., 2019).

Der fünft-wichtigste Erfolgsfaktor in der kombinierten Betrachtung aus der Sichtweise der Umwelt beschreibt, dass ein erhöhter Druck von Wettbewerbern bzw. der Branche zu einem erfolgreicheren Einsatz von KI führt. Durch den Einsatz von KI erhalten Konkurrenzunternehmen einen Wettbewerbsvorteil, weil durch KI Kosten gesenkt und Produkte zu günstigeren Preisen angeboten werden können (Eitle und Buxmann, 2020).

3.2 Ursachen für Misserfolg

Misserfolg ist das Gegenteil des in Unterkapitel 2.2 definierten Begriffs "Erfolg" und wird laut der Duden Onlineredaktion beschrieben als das (meist unerwartete), negativere und nicht zufriedenstellende Ergebnis eines Vorhabens (Dudenredaktion, 2021e). Um den Bogen von Erfolgen zu Misserfolgen zu spannen, wird die in Abbildung A.4 dargestellte Liste an kombinierten Erfolgsfaktoren gegensätzlich betrachtet. Die positiven Erfolgsfaktoren führen die Liste an, die negativen Erfolgsfaktoren hingegen finden sich in der Liste ganz unten wieder. So kann den letzten drei Erfolgsfaktoren in der Liste (Faktor 34-36) eine negative Wirkung zugeschrieben werden, da die Summe aus positiven und negativen Nennungen kleiner Null ist (vgl. A.4). Auffällig ist, dass alle drei Faktoren, die zu Misserfolg führen können, aus der technologischen Perspektive stammen. Die technologischen Aspekte stellen somit das größte Risiko bei der Einführung von KI in Organisationen dar. Die Ursachen für die negativen Nennungen wurden bereits in Kapitel 3.1 auf Seite 6 beschrieben.

Weitere Ursachen für Misserfolg bzw. Hindernisse für den Einsatz von KI beschreibt Richard Socher, Experte für KI in Deutschland, in einem Interview in "DIE ZEIT". Hierbei werden folgende Hindernisse und Ursachen genannt:

1. KI-Systeme können sich keine eigenen Zielfunktionen geben oder die Ziele, an denen sie arbeiten, nicht anpassen (Zelger, 2020).

2. KI kann nach aktuellem Stand kein Allgemeinwissen logisch mit unscharfen Folgerungen und visueller Auffassung verknüpfen (Zelger, 2020).

3. KI kann nicht mehrere Aufgaben gleichzeitig erlernen, beispielsweise gibt es Algorithmen, die separat eingesetzt, gute Ergebnisse im Bereich des Autonomen Fahrens oder der Bilderkennung liefern. Die eigentliche Intelligenz liegt aber darin, diese beiden Funktionen zu kombinieren und daraus zu lernen (Zelger, 2020).

Es zeigt sich also, dass viele Faktoren für Erfolg bzw. Misserfolg entscheidenden Einfluss auf eine erfolgreiche Einführung von KI haben. Im nächsten Kapitel werden die analysierten Erfolgsfaktoren mit strategischen Aspekten kombiniert, um daraus eine mögliche KI-Strategie abzuleiten.

4 Entwicklung einer KI-Strategie unter Berücksichtigung der Erfolgsfaktoren

Wie bereits in der Ausgangssituation und Problemstellung beschrieben, gibt es laut einer Studie des TÜV-Verbandes nur in 15 Prozent der 150 befragten Unternehmen in Deutschland eine zentrale KI-Strategie (TÜV-Verband, 2020). Das kann daran liegen, dass es bislang nur wenig konkrete Ansätze zur Entwicklung einer KI-Strategie gibt. In diesem Kapitel soll ein Vorschlag zur Entwicklung einer KI-Strategie vorgelegt werden. Den Ausgangspunkt dafür bildet die Abbildung B.1, in welcher die Phasen der Implementierung, die Herausforderungen bei der Einführung und konkrete Handlungsempfehlungen aufgelistet sind (Wolff et al., 2019). Im nächsten Schritt wird die bestehende Tabelle mit den in Kapitel 3.1 erarbeiteten Erfolgsfaktoren erweitert, um daraus eine Vorgehensweise zur Strategieentwicklung für eine erfolgreiche Einführung von KI abzuleiten.

4.1 Herausforderungen und Erfolgsfaktoren

Im ersten Schritt ist es wichtig, die Kernherausforderungen der jeweiligen Phasen mit Erfolgsfaktoren zu verknüpfen, um durch die Berücksichtigung der Erfolgsfaktoren Lösungen für die Herausforderungen zu finden. Abbildung B.2 zeigt die Herausforderungen aus der ersten Phase der Implementierung, in welcher die Problemlösung und Optimierung einzelner Geschäftsprozesse durch KI im Vordergrund steht. Die wichtigsten Erkenntnisse aus der Tabelle sind wie folgt zu beschreiben:

- In den fünf wichtigsten Erfolgsfaktoren (vgl. Sortierung in Abbildung A.4) ist der Faktor "Ressourcen (Daten, Budget, Beschäftigte)" der am häufigsten genannte Faktor zur Lösung aller genannten Herausforderungen. Gründe dafür sind: Ausreichendes hohes Budget und der Einsatz von Beschäftigten erhöht die Planungssicherheit. Dadurch kann der finanzielle Verlust durch falsch geplante KI-Projekte verhindert werden (vgl. B.2).
- Die Herausforderung des Mangels an Wissen und Verständnis kann ebenfalls mit dem Erfolgsfaktor "Ressourcen (Daten, Budget, Beschäftigte)" gelöst werden, wenn Beschäftigte zu KI-Experten ausgebildet werden (vgl. B.2).
- Die Herausforderung "Kosten-, planungs- und zeitintensive Umstellung" erfordert die Berücksichtigung vieler Erfolgsfaktoren und stellt somit die größte Herausforderung in Phase eins dar (vgl. B.2).

In Phase zwei entsteht eine Entscheidungsfindung, in der KI als Basis der Unternehmensstrategie eingesetzt wird.

In Phase drei ist KI bereits als Steuerungsmechanismus und Entscheidungsträger etabliert. Abbildung B.3 zeigt die Kernherausforderungen aus Phase zwei und drei in Kombination mit den Erfolgsfaktoren. Die wichtigsten Erkenntnisse aus der Tabelle in Abbildung B.3 sind wie folgt beschrieben:

- Die Herausforderung "Kompatibilität der Aufgabenbereiche und Geschäftsprozesse für umfangreichen Datenzugriff" stellt die größte Herausforderung dar und kann durch die Erfolgsfaktoren "Kompatibilität mit bestehender IT-Infrastruktur", "Technischen Kompetenzen" und ausreichend "Ressourcen (Daten, Budget, Beschäftigte)" gelöst werden (vgl. B.3).

- Darüber hinaus ermöglicht die Berücksichtigung der 12 gekennzeichneten von insgesamt 33 aufgelisteten Erfolgsfaktoren die Lösung der Herausforderung "Kompatibilität der Aufgabenbereiche und Geschäftsprozesse für umfangreichen Datenzugriff" (vgl. B.3).

- Die Erfolgsfaktoren "Kompatibilität mit bestehender IT-Infrastruktur" und "Ressourcen (Daten, Budget, Beschäftigten)" sind innerhalb der fünf wichtigsten Erfolgsfaktoren die am häufigsten genannten und können dadurch die zwei Herausforderungen "Kompatibilität der Aufgabenbereiche und Geschäftsprozesse für umfangreichen Datenzugriff" und "Internationaler Zugriff auf die Wertschöpfungskette [...]" lösen (vgl. B.3).

4.2 Handlungsempfehlungen und Erfolgsfaktoren

Abbildung B.4 kombiniert die Handlungsempfehlungen mit den Erfolgsfaktoren. Die wichtigsten Erkenntnisse aus der Tabelle sind wie folgt zu beschreiben:

- Die Unterstützung der Unternehmensführung für KI ist ein entscheidender Erfolgsfaktor aus den fünf wichtigsten Faktoren und unterstützt so die Förderung eines grundsätzlichen Verständnisses von Innovation und Offenheit gegenüber KI. Des Weiteren wird es durch die Unterstützung der Unternehmensführung ermöglicht, Aufgabenbereiche an die KI anzupassen, die Verantwortungsbereiche für IT und KI direkt auf Vorstandsebene zu treffen sowie einen verantwortungsvollen Umgang mit KI im gesamten Unternehmen zu pflegen (vgl. B.4).

- Die zweitwichtigste Erkenntnis ist, dass die Faktoren "Technische Kompetenzen innerhalb der Organisation" und "Ressourcen (Daten, Budget, Beschäftigte)" sehr entscheidend sind, weil diese insgesamt fünf von acht Handlungsempfehlungen positiv beeinflussen (vgl. B.4).

4.3 Entwicklung einer KI-Strategie

Im letzten Schritt wird ein Vorschlag zur Entwicklung einer KI-Strategie entwickelt, um durch eine strategische Vorgehensweise die Kernherausforderungen bei der Implementierung zu lösen und dadurch die Handlungsempfehlungen zu berücksichtigen. Auf Basis der vorhergehenden Erkenntnisse aus den Kapiteln 4.1 und 4.2 werden die Abbildungen B.2, B.3 und B.4 in einer kombinierten Tabelle zusammengefasst, um die Summe der unterstützenden Erfolgsfaktoren darzustellen (vgl. B.5). Die wichtigsten Erkenntnisse aus dieser Tabelle sind:

- Die zehn meistgenannten Erfolgsfaktoren zur Lösung der Herausforderungen und Unterstützung der Handlungsempfehlungen stammen aus den Bereichen Technologie (fünf Faktoren) und Organisation (fünf Faktoren). Das heißt, diese Erfolgsfaktoren können von der Organisation, die KI einführen möchte, selbst beeinflusst werden. Sie stärken dadurch den Handlungsspielraum der Organisation, weil keine Umweltfaktoren die Vorgehensweise negativ beeinflussen (vgl. B.5).

- Zusätzlich gilt es zu nennen, dass die drei wichtigsten Faktoren aus dem Bereich Organisation stammen ("Wissen und Information", "Ressourcen (Daten, Budget, Beschäftigte" und "Interdisziplinäre Zusammenarbeit") (vgl. B.5).

Aus den gewonnenen Erkenntnissen kann nun eine KI-Strategie abgeleitet werden, die folgende Schritte umfasst:

1. Schritt: Die Unternehmensführung muss davon überzeugt sein, die KI-Projekte und besonders die Einführung von KI zu unterstützen. Dieser Schritt bildet die Grundlage für eine erfolgreiche Einführung von KI, weil dadurch viele andere Erfolgsfaktoren, die zur Lösung der Herausforderungen und Begünstigung der Handlungsempfehlungen beitragen, positiv beeinflusst werden. "Wissen und Information", "Ressourcen (Daten, Budget, Beschäftigte)" und "Interdisziplinäre Zusammenarbeit" sind beispielsweise von der Unterstützung der Unternehmensführung für KI abhängig, weil die Unternehmensführung entscheidenden Einfluss darauf nehmen kann. Auch die "Unternehmenskultur" kann durch die Überzeugung der Unternehmensführung für KI signifikant positiv verändert werden, wenn eine positive Einstellung der Führungskräfte gegenüber KI vorgelebt wird.

2. Schritt: Die technologische Kompetenz innerhalb der Organisation muss erhöht werden. "Kompatibilität der KI mit der bestehenden Infrastruktur", "Technologie-Bereitschaft", "Verfügbarkeit der Tools, Qualität und Daten" in Kombination mit der "Sicherheit und Verlässlichkeit für KI-Anwendungen" sind wichtige Erfolgsfaktoren, die viele Herausforderungen lösen können und die Handlungsempfehlungen unterstützen. Je höher die technologische Kompetenz in der Organisation, desto einfacher kann die Einführung von KI durchgeführt werden.

3. Schritt: Die Unternehmensstruktur muss an KI-spezifische Gegebenheiten angepasst werden, um den Erfolgsfaktor "Organisatorische Innovationsfähigkeit" zu erhöhen und den Erfolgsfaktor der "Organisatorischen Sicherheitsvorschriften" einzuhalten bzw. auf dem aktuellen Stand zu halten. Die Unternehmensstruktur beeinflusst zudem den Faktor "Organisatorische Bereitschaft" für Veränderungen in Richtung "Pro-KI". Wenn flache Hierarchien und kurze Kommunikationswege den Austausch von Wissen und Information erleichtern, wirkt sich dies positiv auf die Bereitschaft der Beschäftigten aus, sich mit KI auseinanderzusetzen.

Diese Strategie zur Einführung von KI stellt lediglich einen Vorschlag auf der analysierten Literatur dar und ist keine praxiserprobte Strategie. Dies muss bei der Anwendung der Strategie berücksichtigt werden. Wird diese Vorgehensweise beachtet, so kann eine erfolgreiche Einführung von KI unter der Berücksichtigung von strategischen Aspekten gelingen.

5 Schlussbetrachtung

Das letzte Kapitel fasst die Seminararbeit kurz zusammen und gibt einen Ausblick in zukünftige Fragestellungen.

5.1 Zusammenfassung und Fazit

Zusammenfassung der Analyse der Erfolgsfaktoren

Zusammenfassend lässt sich sagen, dass es viele unterschiedliche und herausfordernde Erfolgsfaktoren gibt, die bei der Einführung von KI beachtet werden müssen. Die fünf wichtigsten Faktoren "Kompatibilität der bestehenden IT-Infrastruktur", "Unterstützung der Unternehmensführung für KI", "Technische Kompetenzen innerhalb der Organisation", "Ressourcen (Daten, Budget, Beschäftigte)" und "Druck von Wettbewerbern/Branche" (vgl. Kapitel 3.1 und Abbildung A.4) stellen den entscheidenden Anteil dar. Werden diese Faktoren bei der Einführung von KI berücksichtigt, gelingt diese deutlich erfolgreicher. Besonders spannend hingegen ist, dass technologische Faktoren ein größeres Risiko für die Einführung darstellen und zu Misserfolg führen können. Alle negativen Faktoren mit einer Summe kleiner Null sind in der technologischen Perspektive angesiedelt (vgl. A.4). Zugleich bringt diese Erkenntnis großes Potential mit sich, um besonders bei den technologischen Faktoren "Wahrgenommene Barrieren", "Zufriedenheit mit bestehenden Systemen" und "Komplexität" Ansatzpunkte für eine erfolgreichere Einführung zu finden, indem dort ansässiges Optimierungspotential genutzt wird.

Entwicklung einer KI-Strategie

Die Entwicklung einer KI-Strategie wurde nach folgender Vorgehensweise durchgeführt:

1. Analyse der Erfolgsfaktoren in Kapitel 3.1

2. Zuordnung der Erfolgsfaktoren zu den Herausforderungen aus der Abbildung B.1 (vgl. Kapitel 4.1)

3. Zuordnung der Erfolgsfaktoren zu den Handlungsempfehlungen aus der Abbildung B.1 (vgl. Kapitel 4.2)

4. Kombination der Erfolgsfaktoren, die zur Lösung der Herausforderung und Unterstützung der Handlungsempfehlungen beitragen (vgl. Kapitel 4.3 und Abbildung B.5)

Die konkrete KI-Strategie umfasst demnach folgende Punkte:

1. Überzeugung der Unternehmensführung für die Unterstützung von KI-Projekten

2. Erhöhung der technologischen Kompetenz innerhalb des Unternehmens

3. Anpassung der Unternehmensstruktur an KI-spezifische Gegebenheiten

5.2 Ausblick

Weitere wissenschaftliche Fragestellungen könnten folgende Themen beinhalten:

- Welche Projektmanagement-Methoden begünstigen die Einführung von KI? Welche Ansätze aus dem Projektmanagement führen zu einer erfolgreichen Einführung?

- Wie kann eine KI-Strategie für branchenspezifische Gegebenheiten entwickelt werden?

- Gibt es geografische Unterschiede bei der Einführung von KI und der Entwicklung einer KI-Strategie?

- Wie kann die operative Ausführung der KI-Strategie gelingen?

- Welche konkreten wirtschaftlichen Potentiale verbergen sich hinter der Einführung von KI und können nach der Einführung freigesetzt werden?

A Aufschlüsselung der Erfolgsfaktoren

Die Erfolgsfaktoren werden im Ausgangsartikel (Hamm und Klesel, 2021) aus folgenden Quellen bezogen:

- Rana et al., 2014
- Nasirian et al., 2017
- Alsheibani et al., 2018
- Eljasik-Swoboda et al., 2019
- Kruse et al., 2019
- Pumplun et al., 2019
- AlSheibani et al., 2020
- Bauer et al., 2020
- Demlehner und Laumer, 2020
- Eitle und Buxmann, 2020
- Kordon, 2020
- Nortje und Grobbelaar, 2020
- Schaefer et al., 2021

	compatibility/IT infrastructure	relative advantage	availability and quality of data	tool availability	identified business needs	security/reliability	complexity	perceived barriers	generalizability/scalability	technology management	satisfaction with existing systems	technology readiness
Rana et al. (2014)		+		+	+			-			-	
Nasirian et al. (2017)												
Alsheibani et al. (2018)	+	+										
Eljasik-Swoboda et al. (2019)			+									
Kruse et al. (2019)	+		+	+								+
Pumplun et al. (2019)	+	+	+									
Alsheibani et al. (2020)	+	+										
Bauer et al. (2020)	+											
Demlehner and Laumer (2020)	+	+	+	+		+	-			+		
Eitle and Buxmann (2020)	+	+					-					
Kordon (2020)	+		+		+							
Nortje and Grobbelaar (2020)	+					+			+			
Schäfer et al. (2021)	+	+										
Σ	10	7	5	3	2	2	2	1	1	1	1	1

(+): positive factor (-): negative factor (+/-): positive and negative factor

Abb. A.1 Success Factors Technological (Quelle: Hamm und Klesel, 2021)

	top management support	(technical) competencies	resources	organizational size	organizational structures	strategy	organizational readiness	culture	organizational innovativeness	interdisciplinary collaboration	perceived financial cost	organisational secrecy policies	knowledge and information
Rana et al. (2014)		+											
Nasirian et al. (2017)													
Alsheibani et al. (2018)	+		+	+									
Eljasik-Swoboda et al. (2019)		+	+				+						
Kruse et al. (2019)	+	+	+		+/-		+						
Pumplun et al. (2019)	+		+	+/-	+/-				+	+			
Alsheibani et al. (2020)	+	+		-			+						
Bauer et al. (2020)		+	+		+/-		+			+			
Demlehner and Laumer (2020)	+	+	+	+/-								+	
Eitle and Buxmann (2020)	+		+	+	+/-								
Kordon (2020)	+	+	+						+				
Nortje and Grobbelaar (2020)	+						+		+				+
Schäfer et al. (2021)		+					+			+	+		
Σ	8	8	8	5	4	3	3	3	2	1	1	1	1

(+): positive factor (-): negative factor (+/-): positive and negative factor

Abb. A.2 Success Factors Organizational (Quelle: Hamm und Klesel, 2021)

	competitive/ industry pressure	governmental regulations	customer readiness	trust	industry require-ments/ characteristics	external partner/ trading partners	perceived goverm. pressure	perceived pressure from society	access to external expertise	public funding	customer and community support
Rana et al. (2014)	+										
Nasirian et al. (2017)			+	+							
Alsheibani et al. (2018)	+	+									
Eljasik-Swoboda et al. (2019)		+									
Kruse et al. (2019)	+	+/-			+	+					+
Pumplun et al. (2019)	+	-	+		+/-						
Alsheibani et al. (2020)	+	+									
Bauer et al. (2020)								-			
Demlehner and Laumer (2020)	+	+							+	+	
Eitle and Buxmann (2020)	+	+/-				+					
Kordon (2020)											
Nortje and Grobbelaar (2020)											
Schäfer et al. (2021)	+						+	+			
Σ	8	7	2	2	2	2	1	1	1	1	1

(+): positive factor (-): negative factor (+/-): positive and negative factor

Abb. A.3 Success Factors Enviornmental (Quelle: Hamm und Klesel, 2021)

Nr.	Kategorie	Faktor	Pos.	Neg.	Sum.
1	Technologie	Kompatibilität mit bestehender IT-Infrastruktur	10	0	10
2	Organisation	Unterstützung der Unternehmensführung für KI	8	0	8
3	Organisation	Technische Kompetenzen innerhalb der Organisation	8	0	8
4	Organisation	Ressourcen (Daten, Budget, Beschäftigte)	8	0	8
5	Umwelt	Druck von Wettbewerbern/Branche	8	0	8
6	Technologie	Relativer Vorteil von KI im Vergleich zu anderen Technologien	7	0	7
7	Technologie	Verfügbarkeit und Qualität der Daten	5	0	5
9	Organisation	Strategie	3	0	3
10	Organisation	Organisatorische Bereitschaft	3	0	3
11	Organisation	Unternehmenskultur	3	0	3
8	Technologie	Verfügbarkeit der Tools	3	0	3
12	Umwelt	Staatliche Regulierung	6	3	3
15	Organisation	Organisatorische Innovationsfähigkeit	2	0	2
13	Technologie	Identifizierte Geschäftsanforderungen	2	0	2
14	Technologie	Sicherheit/Verlässlichkeit	2	0	2
16	Umwelt	Bereitschaft der Kunden	2	0	2
17	Umwelt	Vertrauen	2	0	2
21	Organisation	Größe der Organisation	4	3	1
22	Organisation	Interdisziplinäre Zusammenarbeit	1	0	1
23	Organisation	Wahrgenommene Kosten	1	0	1
24	Organisation	Organisatorische Sicherheitsvorschriften	1	0	1
25	Organisation	Wissen und Informationen	1	0	1
18	Technologie	Verallgemeinerung/Skalierbarkeit	1	0	1
19	Technologie	Technologiemanagement	1	0	1
20	Technologie	Technologie-Bereitschaft	1	0	1
26	Umwelt	Anforderungen/Merkmale der Branche	2	1	1
27	Umwelt	Wahrgenommener Druck der Regierung	1	0	1
28	Umwelt	Wahrgenommener Druck der Gesellschaft	1	0	1
29	Umwelt	Zugang zu externer Expertise	1	0	1
30	Umwelt	Öffentliche Förderung	1	0	1
31	Umwelt	Support der Kunden/Community für KI (Setzen Kunden KI ein oder nicht?)	1	0	1
32	Organisation	Organisatorische Struktur	4	4	0
33	Umwelt	Externe Partner	1	1	0
34	Technologie	Wahrgenommene Barrieren	0	1	-1
35	Technologie	Zufriedenheit mit den bestehenden Systemen	0	1	-1
36	Technologie	Komplexität	0	2	-2

⬤ Technologie   ⬤ Organisation   ⬤ Umwelt

Abb. A.4 Übersicht der kombinierten Erfolgsfaktoren (Quelle: Eigene Darstellung auf Basis von Hamm und Klesel, 2021)

B Strategieentwicklung

Implementierungsphase	Kernherausforderungen	Handlungsempfehlungen
Phase 1 – Problemlösung: Optimierung einzelner Geschäftsprozesse durch künstliche Intelligenz	• Kosten-, planungs- und zeitintensive Umstellung • Starker Wettbewerb und Marktdruck, auch durch Start-ups • Hohe Anforderungen bezüglich Datenverfügbarkeit, Rechnerleistungen und Speicherkapazitäten • Mangel an Wissen und Verständnis hinsichtlich KI-Voraussetzungen/-potenzialen • Fehlender strategischer Weitblick	1) Dezidierte KI-Organisationseinheit mit fokussierten Zielen und Kompetenzen 2) Klare Make-or-Buy-Strategie mit entsprechender Unternehmensbewertungslogik für zu kaufende Firmen/Kooperationspartner 3) Förderung eines grundsätzlichen Verständnisses von Innovation und Offenheit – insbesondere gegenüber KI – sowie der strategischen Sensitivität im ganzen Unternehmen
Phase 2 –Entscheidungsfindung: Künstliche Intelligenz als Basis der Unternehmensstrategie und **Phase 3 – Steuerung: Künstliche Intelligenz als Entscheider und Steuerer**	• Kompatibilität der Aufgabenbereiche und Geschäftsprozesse für umfangreichen Datenzugriff • Effiziente Kommunikation und Koordination von Unternehmensentscheidungen • Internationaler Zugriff auf die Wertschöpfungskette (z. B. Produktions- vs. Administrationsfunktionen) • Management externer Stakeholder wie Kunden, Anlegern etc. • Unklare und schwer vorhersehbare institutionelle (normative, rechtliche) Rahmenbedingungen	1) Unternehmensweiter Datentransfer (zwischen Regionen, Funktionen etc.) 2) Vertrauen durch den Aufbau von Kontrollmechanismen (Monitoring und Sicherheitsmechanismen) 3) Definition angepasster Aufgabenbereiche, um die KI vorzustellen und schrittweise aufzubauen 4) Trennung der KI und IT als Verantwortungsbereiche auf Vorstandsebene 5) Verantwortungsvolles Engagement im institutionellen Diskurs zu KI

Abb. B.1 Phasen, Kernherausforderungen und Handlungsempfehlungen beim Umgang mit künstlicher Intelligenz im Unternehmenskontext (Quelle: Wolff et al., 2019)

		Herausforderungen (Phase 1)				
		Kosten-, planungs- und zeitintensive Umstellung	Starker Wettbewerb und Marktdruck, auch durch Start-ups Firmen/Kooperationspartner	Hohe Anforderungen bezüglich Datenverfügbarkeit, Rechnerleistungen und Speicherkapazitäten	Mangel an Wissen und Verständnis hinsichtlich KI-Voraussetzungen/-potenzialen	Fehlender strategischer Weitblick
Kompatibilität mit bestehender IT-Infrastruktur	10			X		
Unterstützung der Unternehmensführung für KI	8	X				X
Technische Kompetenzen innerhalb der Organisation	8					
Ressourcen (Daten, Budget, Beschäftigte)	8	X		X	X	
Druck von Wettbewerbern/Branche	8		X			X
Relativer Vorteil von KI im Vergleich zu anderen Technologien	7					
Verfügbarkeit und Qualität der Daten	5	X		X		
Strategie	3	X				X
Organisatorische Bereitschaft	3	X				
Unternehmenskultur	3	X				
Verfügbarkeit der Tools	3	X		X		
Staatliche Regulierung	3					
Organisatorische Innovationsfähigkeit	2	X				X
Identifizierte Geschäftsanforderungen	2	X		X		
Sicherheit/Verlässlichkeit	2			X		
Bereitschaft der Kunden	2					
Vertrauen	2					
Größe der Organisation	1					
Interdisziplinäre Zusammenarbeit	1	X				X
Wahrgenommene Kosten	1					
Organisatorische Sicherheitsvorschriften	1	X				
Wissen und Informationen	1	X			X	
Verallgemeinerung/Skalierbarkeit	1					
Technologiemanagement	1			X		
Technologie-Bereitschaft	1		X	X		
Anforderungen/Merkmale der Branche	1		X			
Wahrgenommener Druck der Regierung	1					
Wahrgenommener Druck der Gesellschaft	1		X			
Zugang zu externer Expertise	1				X	
Öffentliche Förderung	1					
Support der Kunden/Community für KI (Setzen Kunden KI ein oder nicht?)	1		X			
Organisatorische Struktur	0					X
Externe Partner	0		X			

(linke Randbeschriftung: Erfolgsfaktoren (absteigend nach Summe sortiert))

Abb. B.2 Kernherausforderungen aus Phase 1 in Kombination mit Erfolgsfaktoren. Dabei zeigt jedes X die positive Wirkung des Erfolgsfaktors (Quelle: Eigene Darstellung, kombiniert aus den Abbildungen A.4 und B.1)

		Herausforderungen (Phase 2-3)				
		Kompatibilität der Aufgabenbereiche und Geschäftsprozesse für umfangreichen Datenzugriff	Effiziente Kommunikation und Koordination von Unternehmensentscheidungen	Internationaler Zugriff auf die Wertschöpfungskette (z. B. Produktions- vs. Administrationsfunktionen)	Management externer Stakeholder wie Kunden, Anlegern etc.	Unklare und schwer vorhersehbare institutionelle (normative, rechtliche) Rahmenbedingungen
Kompatibilität mit bestehender IT-Infrastruktur	10	X		X		
Unterstützung der Unternehmensführung für KI	8		X			
Technische Kompetenzen innerhalb der Organisation	8	X				
Ressourcen (Daten, Budget, Beschäftigte)	8	X		X		
Druck von Wettbewerbern/Branche	8					
Relativer Vorteil von KI im Vergleich zu anderen Technologien	7					
Verfügbarkeit und Qualität der Daten	5	X		X		
Strategie	3		X		X	
Organisatorische Bereitschaft	3	X				
Unternehmenskultur	3		X			
Verfügbarkeit der Tools	3	X		X		
Staatliche Regulierung	3			X		X
Organisatorische Innovationsfähigkeit	2		X			
Identifizierte Geschäftsanforderungen	2	X				
Sicherheit/Verlässlichkeit	2	X		X		
Bereitschaft der Kunden	2				X	
Vertrauen	2				X	
Größe der Organisation	1		X	X		
Interdisziplinäre Zusammenarbeit	1	X	X	X		
Wahrgenommene Kosten	1					
Organisatorische Sicherheitsvorschriften	1					X
Wissen und Informationen	1		X			X
Verallgemeinerung/Skalierbarkeit	1					
Technologiemanagement	1	X		X		
Technologie-Bereitschaft	1	X		X		
Anforderungen/Merkmale der Branche	1				X	
Wahrgenommener Druck der Regierung	1				X	
Wahrgenommener Druck der Gesellschaft	1				X	
Zugang zu externer Expertise	1					
Öffentliche Förderung	1				X	
Support der Kunden/Community für KI (Setzen Kunden KI ein oder nicht?)	1				X	
Organisatorische Struktur	0	X				
Externe Partner	0				X	

(Linke Randbeschriftung: *Erfolgsfaktoren (absteigend nach Summe sortiert)*)

Abb. B.3 Kernherausforderungen aus Phasen 2-3 in Kombination mit Erfolgsfaktoren. Dabei zeigt jedes X die positive Wirkung des Erfolgsfaktors (Quelle: Eigene Darstellung, kombiniert aus den Abbildungen A.4 und B.1)

Erfolgsfaktoren (absteigend nach Summe sortiert)		Dezidierte KI-Organisationseinheit mit fokussierten Zielen und Kompetenzen	Klare Make-or-Buy-Strategie mit entsprechender Unternehmensbewertungslogik für zu kaufende Firmen/Kooperationspartner	Förderung eines grundsätzlichen Verständnisses von Innovation und Offenheit – insbesondere gegenüber KI – sowie der strategischen Sensitivität im ganzen Unternehmen	Unternehmensweiter Datentransfer (zwischen Regionen, Funktionen etc.)	Vertrauen durch den Aufbau von Kontrollmechanismen (Monitoring und Sicherheitsmechanismen)	Definition angepasster Aufgabenbereiche, um die KI vorzustellen und schrittweise aufzubauen	Trennung der KI und IT als Verantwortungsbereiche auf Vorstandsebene	Verantwortungsvolles Engagement im institutionellen Diskurs zu KI
		1			**2 & 3**				
Kompatibilität mit bestehender IT-Infrastruktur	10				X	X			
Unterstützung der Unternehmensführung für KI	8			X			X	X	X
Technische Kompetenzen innerhalb der Organisation	8			X	X	X			
Ressourcen (Daten, Budget, Beschäftigte)	8	X	X		X				
Druck von Wettbewerbern/Branche	8								
Relativer Vorteil von KI im Vergleich zu anderen Technologien	7								
Verfügbarkeit und Qualität der Daten	5				X				
Strategie	3		X					X	X
Organisatorische Bereitschaft	3	X							
Unternehmenskultur	3			X					
Verfügbarkeit der Tools	3		X		X	X			
Staatliche Regulierung	3								
Organisatorische Innovationsfähigkeit	2	X		X					
Identifizierte Geschäftsanforderungen	2								
Sicherheit/Verlässlichkeit	2				X	X			
Bereitschaft der Kunden	2								
Vertrauen	2			X		X			X
Größe der Organisation	1						X	X	
Interdisziplinäre Zusammenarbeit	1	X		X			X		
Wahrgenommene Kosten	1								
Organisatorische Sicherheitsvorschriften	1		X		X		X		
Wissen und Informationen	1	X	X	X		X			X
Verallgemeinerung/Skalierbarkeit	1		X		X				
Technologiemanagement	1	X	X		X	X			
Technologie-Bereitschaft	1	X	X		X	X			
Anforderungen/Merkmale der Branche	1								
Wahrgenommener Druck der Regierung	1								
Wahrgenommener Druck der Gesellschaft	1								
Zugang zu externer Expertise	1		X						
Öffentliche Förderung	1								
Support der Kunden/Community für KI (Setzen Kunden KI ein oder nicht?)	1					X			
Organisatorische Struktur	0	X							X
Externe Partner	0		X						

Abb. B.4 Handlungsempfehlungen in Kombination mit Erfolgsfaktoren. Dabei zeigt jedes X die positive Wirkung des Erfolgsfaktors (Quelle: Eigene Darstellung, kombiniert aus den Abbildungen A.4 und B.1)

Analysierter Erfolgsfaktor	Summe, in wievielen Heraus-forderungen der Erfolgsfaktor positiv wirkt	Summe, in wievielen Handlungs-empfehlungen der Erfolgsfaktor positiv wirkt	**Summe aus Heraus-forderungen und Handlungs-empfehlungen (absteigend sortiert)**
Wissen und Informationen	4	5	9
Ressourcen (Daten, Budget, Beschäftigte)	5	3	8
Interdisziplinäre Zusammenarbeit	5	3	8
Technologie-Bereitschaft	4	4	8
Unterstützung der Unternehmensführung für KI	3	4	7
Strategie	4	3	7
Verfügbarkeit der Tools	4	3	7
Technologiemanagement	3	4	7
Kompatibilität mit bestehender IT-Infrastruktur	3	2	5
Verfügbarkeit und Qualität der Daten	4	1	5
Organisatorische Innovationsfähigkeit	3	2	5
Sicherheit/Verlässlichkeit	3	2	5
Organisatorische Sicherheitsvorschriften	2	3	5
Technische Kompetenzen innerhalb der Organisation	1	3	4
Vertrauen	1	3	4
Größe der Organisation	2	2	4
Organisatorische Struktur	2	2	4
Organisatorische Bereitschaft	2	1	3
Unternehmenskultur	2	1	3
Identifizierte Geschäftsanforderungen	3	0	3
Support der Kunden/Community für KI (Setzen Kunden KI ein oder nicht?)	2	1	3
Externe Partner	2	1	3
Druck von Wettbewerbern/Branche	2	0	2
Staatliche Regulierung	2	0	2
Verallgemeinerung/Skalierbarkeit	0	2	2
Anforderungen/Merkmale der Branche	2	0	2
Wahrgenommener Druck der Gesellschaft	2	0	2
Zugang zu externer Expertise	1	1	2
Bereitschaft der Kunden	1	0	1
Wahrgenommener Druck der Regierung	1	0	1
Öffentliche Förderung	1	0	1
Relativer Vorteil von KI im Vergleich zu anderen Technologien	0	0	0
Wahrgenommene Kosten	0	0	0

Abb. B.5 Summe der Wirkung der Erfolgsfaktoren (Quelle: Eigene Darstellung, kombiniert aus den Abbildungen B.2, B.3 und B.4)

Erfolgsfaktoren und strategische Aspekte für die Einführung von KI in Organisationen

Literatur

Abfalter, D. (2010). Erfolg und Erfolgsmessung [Aufgerufen am 22.11.2021]. *Das Unmessbare messen? Die Konstruktion von Erfolg im Musiktheater* (S. 197–247). VS Verlag für Sozialwissenschaften. https://doi.org/10.1007/978-3-531-92163-1_6

Alsheibani, S., Cheung, Y. & Messom, C. (2018). Artificial Intelligence Adoption: AI-readiness at Firm-Level. [Aufgerufen am 15.12.2021]. *PACIS*, 37. https://core.ac.uk/download/pdf/301376079.pdf

AlSheibani, S., Messom, C. & Cheung, Y. (2020). Re-thinking the competitive landscape of artificial intelligence [Aufgerufen am 08.12.2021]. *Proceedings of the 53rd Hawaii international conference on system sciences.* https://scholarspace.manoa.hawaii.edu/handle/10125/64460

Bauer, M., van Dinther, C. & Kiefer, D. (2020). Machine learning in SME: an empirical study on enablers and success factors [Aufgerufen am 13.12.2021]. https://core.ac.uk/download/pdf/326836032.pdf

Bendel, P. D. O. (2019). Definition "Machine Learning" [Aufgerufen am 11.01.2022]. https://wirtschaftslexikon.gabler.de/definition/machine-learning-120982/version-370915

Brockhaus-Online-Redaktion. (2020). Strategie (Betriebswirtschaft) [Aufgerufen am 14.12.2021]. http://brockhaus.de/ecs/enzy/article/strategie-betriebswirtschaft

Brynjolfsson, E. & Mcafee, A. (2017). Artificial intelligence, for real [Aufgerufen am 17.12.2021]. *Harvard Business Review.* https://starlab-alliance.com/wp-content/uploads/2017/09/AI-Article.pdf

Demlehner, Q. & Laumer, S. (2020). Shall we use it or not? Explaining the adoption of artificial intelligence for car manufacturing purposes [Aufgerufen am 14.12.2021]. https://aisel.aisnet.org/ecis2020_rp/177/

Dudenredaktion. (2021a). "Aspekt" auf Duden Online [Aufgerufen am 05.12.2021]. https://www.duden.de/node/9092/revision/584328

Dudenredaktion. (2021b). "Erfolg" auf Duden Online [Aufgerufen am 05.12.2021]. https://www.duden.de/node/41623/revision/441442

Dudenredaktion. (2021c). "Erfolgsfaktor" auf Duden Online [Aufgerufen am 05.12.2021]. https://www.duden.de/node/41637/revision/443543

Dudenredaktion. (2021d). "Faktor" auf Duden Online [Aufgerufen am 05.12.2021]. https://www.duden.de/node/44662/revision/506258

Dudenredaktion. (2021e). "Misserfolg" auf Duden Online [Aufgerufen am 08.12.2021]. https://www.duden.de/node/97543/revision/445082

Dudenredaktion. (2021f). "Strategie" auf Duden Online [Aufgerufen am 05.12.2021]. https://www. duden.de/node/175058/revision/573464

Eitle, V. & Buxmann, P. (2020). Cultural differences in machine learning adoption: an international comparison between Germany and the United States [Aufgerufen am 13.12.2021]. https: //aisel.aisnet.org/ecis2020_rp/138/

Eljasik-Swoboda, T., Rathgeber, C. & Hasenauer, R. (2019). Artificial Intelligence for Innovation Readiness Assessment [Aufgerufen am 18.12.2021]. *2019 IEEE International Symposium on Innovation and Entrepreneurship (TEMS-ISIE)*, 1–6. https://doi.org/10.1109/TEMS-ISIE46312.2019.9074291

Hamm, P. & Klesel, M. (2021). Success Factors for the Adoption of Artificial Intelligence in Organizations: A Literature Review [Aufgerufen am 11.10.2021]. https://www.researchgate.net/ publication/353795524_Success_Factors_for_the_Adoption_of_Artificial_Intelligence_in_ Organizations_A_Literature_Review

Heesen, J. e. a. ((2020). Zertifizierung von KI-Systemen – Impulspapier aus der Plattform Lernende Systeme [Aufgerufen am 16.12.2021]. https://www.ml2r.de/wp-content/uploads/PDFs/AG3_ Impulspapier_290420.pdf

Klasen, J. (2019). Strategie entwickeln [Aufgerufen am 28.11.2021]. *Business Transformation: Praxisorientierter Leitfaden zur erfolgreichen Neuausrichtung von Unternehmen und Geschäftsfeldern* (S. 61–87). Springer Fachmedien Wiesbaden. https://doi.org/10.1007/978-3-658-25879-5_4

Kordon, A. (2020). Applied Artificial Intelligence-Based Systems as Competitive Advantage [Aufgerufen am 05.12.2021]. *2020 IEEE 10th International Conference on Intelligent Systems (IS)*, 6–18. https://ieeexplore.ieee.org/abstract/document/9200097

Krüger, S. (2021). Epilog – Europa reguliert KI [Aufgerufen am 17.12.2021]. *Die KI-Entscheidung: Künstliche Intelligenz und was wir daraus machen* (S. 599–605). Springer Fachmedien Wiesbaden. https://doi.org/10.1007/978-3-658-34874-8_9

Kruse, L., Wunderlich, N. & Beck, R. (2019). Artificial intelligence for the financial services industry: What challenges organizations to succeed [Aufgerufen am 17.12.2021]. *Proceedings of the 52nd Hawaii International Conference on System Sciences*. https://scholarspace.manoa.hawaii. edu/handle/10125/60075

Kurzweil, R. (1990). The Age of Intelligent Machines [Aufgerufen am 15.12.2021]. https://calculemus. org/lect/si/dlalomzy/mchron.htm

Nasirian, F., Ahmadian, M. & Lee, O.-K. D. (2017). AI-based voice assistant systems: Evaluating from the interaction and trust perspectives [Aufgerufen am 06.12.2021]. https://www. researchgate.net/profile/Mohsen-Ahmadian/publication/322665841_AI-Based_Voice_ Assistant_Systems_Evaluating_from_the_Interaction_and_Trust_Perspectives/links/ 5a67992b0f7e9b76ea8f054f/AI-Based-Voice-Assistant-Systems-Evaluating-from-the-Interaction-and-Trust-Perspectives.pdf

Nilsson, N. J. (2009). The Quest for Artificial Intelligence [Aufgerufen am 5.12.2021]. https://books. google.de/books?hl=de&lr=&id=nUJdAAAAQBAJ&oi=fnd&pg=PT5&dq=The+Quest+for+ Artificial+Intelligence&ots=2mI6HTgqQE&sig=K_8wKXCUaLN36au82TKKxemi2kI& redir_esc=y#v=onepage&q=The%5C%20Quest%5C%20for%5C%20Artificial%5C% 20Intelligence&f=false

Nortje, M. & Grobbelaar, S. (2020). A Framework for the Implementation of Artificial Intelligence in Business Enterprises: A Readiness Model [Aufgerufen am 18.12.2021]. *2020 IEEE International Conference on Engineering, Technology and Innovation (ICE/ITMC)*, 1–10. https: //ieeexplore.ieee.org/abstract/document/9198436

Pumplun, L., Tauchert, C. & Heidt, M. (2019). A new organizational chassis for artificial intelligence-exploring organizational readiness factors [Aufgerufen am 7.12.2021]. https://aisel.aisnet.org/ ecis2019_rp/106/

Rana, R., Staron, M., Hansson, J., Nilsson, M. & Meding, W. (2014). A framework for adoption of machine learning in industry for software defect prediction [Aufgerufen am 05.12.2021]. *2014 9th International Conference on Software Engineering and Applications (ICSOFT-EA)*, 383–392. https://ieeexplore.ieee.org/abstract/document/7293887

Schaefer, C., Lemmer, K., Samy Kret, K., Ylinen, M., Mikalef, P. & Niehaves, B. (2021). Truth or Dare?–How can we Influence the Adoption of Artificial Intelligence in Municipalities? [Aufgerufen am 18.12.2021]. *Proceedings of the 54th Hawaii International Conference on System Sciences*, 2347. https://scholarspace.manoa.hawaii.edu/handle/10125/70899

Siepermann, D. M. (2018). Definition "Künstliche Intelligenz" [Aufgerufen am 05.12.2021]. https: //wirtschaftslexikon.gabler.de/definition/kuenstliche-intelligenz-ki-40285/version-263673

Siepermann, D. M. & Lackes, P. D. R. (2018). Definition "Kompatibilität" [Aufgerufen am 15.12.2021]. https://wirtschaftslexikon.gabler.de/definition/kompatibilitaet-39149/version-262565

Szczutkowski, D. A. (2018). Definition "Kritische Erfolgsfaktoren" [Aufgerufen am 13.12.2021]. https: //wirtschaftslexikon.gabler.de/definition/kritische-erfolgsfaktoren-38219/version-261645

TÜV-Verband. (2020). Künstliche Intelligenz in Unternehmen: Chancen nutzen - Risiken begegnen [Aufgerufen am 07.12.2021]. https://www.tuev-verband.de/?tx_epxelo_file[id]=824697& cHash=897f8c02b9e77813ccb907cec7751333

Wirtschaftslexikon, O. G. (2018). Definition "Organisation" [Aufgerufen am 05.12.2021]. https: //wirtschaftslexikon.gabler.de/definition/organisation-51971/version-275122

Wolff, J., Keck, A., König, A., Graf-Vlachy, L. & Menacher, J. (2019). Künstliche Intelligenz: Strategische Herausforderungen für etablierte Unternehmen [Aufgerufen am 17.12.2021]. In R. Obermaier (Hrsg.), *Handbuch Industrie 4.0 und Digitale Transformation: Betriebswirtschaftliche, technische und rechtliche Herausforderungen* (S. 505–528). Springer Fachmedien Wiesbaden. https://doi.org/10.1007/978-3-658-24576-4_21

Zelger, J. (2020). Wie das qualitative Verfahren GABEK® in einer Organisation zum Erfolg von KI-Projekten führt [Aufgerufen am 16.12.2021]. In M. Raich, J. Müller-Seeger & H. Ebert (Hrsg.),

Symposium Qualitative Sozialforschung 2019: Dialoge, Denken und Durchbrüche (S. 259–274). Springer Fachmedien Wiesbaden. https://doi.org/10.1007/978-3-658-32463-6_14